동그라미

황성길 지음

동그라미

초판발행 2013년 3월 3일
글 쓴 이 황성길
발 행 인 문상필
편집디자인 이한솔

펴 낸 곳 주식회사 애니빅
주 소 서울특별시 영등포구 경인로 82길 3-4 센터플러스 1118호
대표전화 02-2164-3840
팩 스 02-6209-7749
홈페이지 www.anibig.com
이 메 일 0221643840@hanmail.net
출판등록 제318-31800002510020080000010호

가격 12,000원

ISBN 978-89-97617-47-0 03800

억새밭이 보이는 간월산

글 앞에

하늘과 땅 사이 산
얼룩진 상념과
흐트러진 모든 걸 훌훌 털어버리고
또 다른 나를 만나기 위해 외발자국 길 따라
나는 산을 오른다.
구슬땀이 흐르고 숨이 허우적일수록
순화되면서 오른다.
떼 지어 흐르는 물소리 지나면
소리로 우는 바람을 만난다.
힘겨워 헐떡이는 숨과 슬슬 기는 발걸음에 맞춰
반야심경을 열서너 번 반복 송경하면
해발 천미터 하늘만 남은 정상에 다다른다.
동서남북 사라진 텅 빈 공이 가득 차 있다.
부처님, 하느님이 보인다.

새벽에 사경한 반야심경을 흙에다 묻고

등을 굽혀 절을 3번 올린다.

길바닥에 뒹굴다 찌든 내 육신

산꼭대기에다 꼭 묻어 달라고

조용히 조용히 다짐한다.

임진년은 화악산 명지산 수도산 영축산 신불산 간

월산 성인봉 연인산을 올랐다.

내려올 산 왜 오르느냐고 묻지 마라…

내년엔 어느 산을 오를까 생각뿐이다.

끝으로 내 손녀 다인이의 두 번째 생일을 축하하며

이 책을 발간한다.

2013. 3. 3

행공실에서 황성길

차례

● 동그라미

● 흰 소리 검은 소리

● 비

도봉산의 최고봉인 자운봉

동그라미

가장 아름다운 나

우주에서 가장 아름다운 혹성은
지구랍니다
지구에서 가장 아름다운 나라는
대한민국이랍니다
우리나라에서 가장 아름다운 땅은
내가 사는 서울 마포 신수동 272
번지랍니다
이곳에서 가장 아름다운 사람은
날마다 먹고 싸고 잠자고 꿈꾸는
나랍니다

아름다운 나를 위하여
무한한 우주에 잠시 머문 고마움을
깨닫게 하시고
가난해도 나눌 수 있는 지혜와

가득 채운 자비로

온 생명들의 고통과 슬픔을

거두어 주시고

빛과 힘 숨 넘치게

오늘 하루

높은 기도와 깊은 명상으로

끝나게 하소서

고무신처럼

반야경 12년
5천 번 사경한 난
풋사랑에 쉰 년을 앓았는데
윗아랫니 빠져가는 나이
찐득한 여름 눈을 뜨니
아내가 가슴 보이게
배시시 웃었다
여보
미안해

이산 저강 돌아다닌 세월
울음 그친 단풍이
열린 창문 가득 울긋불긋 웃었다
아내 복 많다고
나도 환하게 웃었다

여보

대단해

슬프고 쓸쓸한 겨울 와도

엉덩이 서로 만져주며

오래오래 살자

오늘보다 내일 더 먼 날까지

정겨운 눈 자주 내리는

초가집

섬돌 위 흰 고무신처럼 살다가

모란꽃잎처럼 포개져

우린 꼭 순사(殉死)*하자

---

*순사 : 따라 죽음

꺾자(〆)*

목젖으로 콧길을 막고

그때

왜 그랬을까

이제

허물 걷어내거나

혀뿌리로 입천장을 닫아

그때가

좋았다고

지금을 뒤집거나

작비금시(昨非今是)**

작시금비(昨是今非)***

---

* 꺾자: 문서의 여백에 이상(以上)의 뜻으로 쓰는 ㄱ자 모양의 부호

** 작비금시: 지난 것이 잘못이고 지금이 옳다.

*** 작시금비: 지난 것이 옳고 지금이 잘못이다

세상사

왜

눈물이 날까

하늘에 새소리 그려 담고

땅에다 꽃내음 내려놓고

파도로 구겨진 바다

달래리라

마침 올라

목메이는 삶이여

침묵의 여백에

꺾자로 알려주리라

나

세상이 싫어야
죽기가 좋다는데
죽기가 싫으니
세상이 좋다는 건가

고개 들어 하늘 보고
고개 숙여 땅을 보고
세상도 싫고
죽기도 싫다는 말

할까

말까

나 모르는 나

너무 많구나

당신이 없으시면

당신이 없으시면
샛노랗게 익어가는 봄을
언제 볼까요

당신이 없으시면
여름 건너가는 쓰르라미는
무엇으로 울까요

당신이 없으시면
짐승처럼 우는 가을비는
어떻게 달랠까요

당신이 없으시면
철모르게 긴 겨울은
얼마나 추울까요

당신이 없으시면
신물 나게 집적거리는 속세
어디에다 버릴까요

당신이 없으시면
함께 안고 자고 일어날 깨달음
누구와 나눌까요

당신이 없으시면
무엇이든 바치고 싶은 나를
어이 할까요

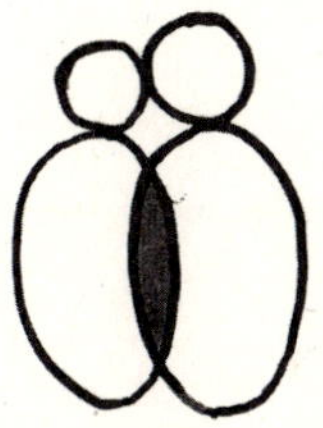

독경(讀経)

해와 달은

하늘에 걸려 있고

산과 바다는

땅에 얹혀 있어

매미 소리

여름 가득 채웁니다

살아 본 세월

넉넉한데

간단하게 살았는지

좋은 기억 남겼는지

잠이 오지 않습니다

기뻐서일까

슬퍼서일까

걸을 수 있을 때

걸을 수 있는 곳까지

걸어가렵니다

어둠 헤매며 살다간 흔적

남기고 싶어

작은 빛 찾아가렵니다

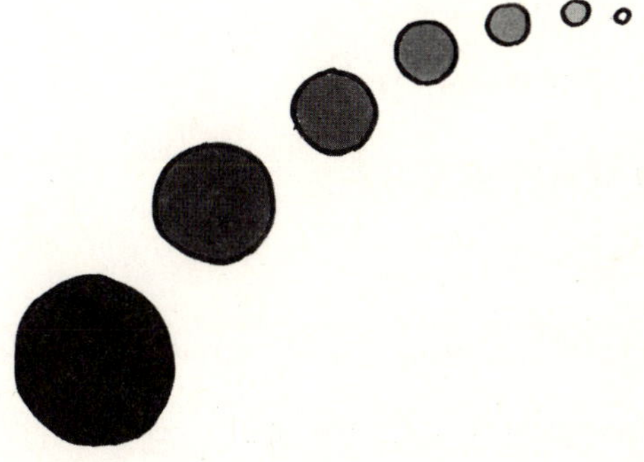

동그라미

봄이 오면 온다는 다인아
내일이면 노오란 꽃 피어나는 삼월이란다
너를 기다리는 내 맘에
아침 기도와 저녁 명상 가득하단다
은하수 건너 달을 지나 구름 사이로
둥글게 돌아가는 우리들의 지구
지금쯤 보이겠지
어서 오너라

2011년 3월 3일 오후 3시
예쁜 다인이가 태어났네
내가 33이란 숫잘 좋아하는 걸
어떻게 알았지
우리의 신비하고 아름다운 인연이 시작되는구나
바람 불어도 비가 와도 슬퍼하지 말고

달이 없어도 별이 없어도 외롭지 않으려니
순간과 영원히 이어지는
축복의 잔치다

꽃 새 해 산 강 돌...
푸른 세상 좋은 친구가 너무 많구나
나 다인이야 인사해야지
항상 꿈을 가져라
항상 새로워라
항상 부지런해라 다짐하며
바오밥나무 따라 오래 오래 살아보자

다인아
우리 행복하게 많이 살다가
내가 삶의 무게 내려놓고

시작도 끝도 없는 영원한 공(空)으로 떠나거든

서러워 말아라

늘 기억하는 네 곁에

웃는 얼굴로 있으려니

그리우면 네 고운 손가락으로

달 닮은 동그라미 하나 그려다오

다시 한 번

네 이름 부른다

사랑하는 다인아

내 손녀 다인아

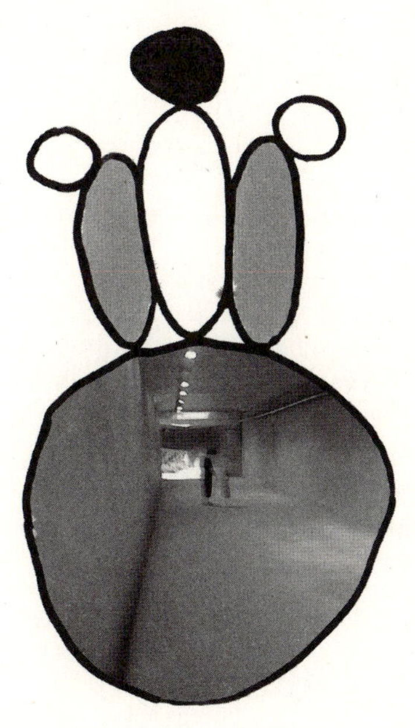

똥꽃

달맞이꽃 다 울리며
넘고 넘긴 부항 고개
이제사
관세음보살 삼천 번 다 외우신
울어미
더부룩한 육신 헹구게
그만 귀천(歸天)길 가시라 해도
아들딸 있는 이승
한 번 가면 영영이라
어젯밤
희긋한 거웃 아래 노란 똥꽃
보름달 활짝 피우시더니
오늘 밤은 골너미 목쉰 뻐꾸기
왜 저리 울릴까

마음대로 해라

불이 났다

어머니가 부처님께 기도했다

'아들만 살려 주시면 저는 죽어도 좋습니다'

아들이 무사했다

불이 어머니에게 번졌다

어머니가 하느님께 매달렸다

'나를 살려 주세요

아들이 고아가 되면 어떡해요'

어머니도 무사했다

또 어머니가 부처님 하느님께 졸랐다

'아들과 난 가진 것이 없어요'

부처님이 말했다

'난 모르겠다'

하느님도 말했다

'네 마음대로 해라'

보암직한 사랑

쉽게 만나
한 번 울고 떠나버리는
구름과 구름의 사랑보다

다 태우고
그을음만 슬프게 남기는
불과 나무의 사랑보다

죽도록 할퀴고 씹다가
엎어져 스러지는
불과 물의 사랑보다

하늘이나 땅 이야기
할 줄 모르는
물과 고기의 사랑보다

바라만 보아도 좋다는

산과 바다의 보암직한 사랑

그런 사랑이고 싶다

보았느냐

스승 : 무(無)를 보았느냐

제자 : 보았습니다

스승 : 그것은 무(無)가 아니다

다시 묻겠다

무(無)를 보았느냐

제자 : 아직입니다

스승 : 아(我)가 남아 있구나

또다시 묻겠다

무(無)를 보았느냐

제자 : ....

스승 : 죽었군

49재를 치뤄야겠다

보임(保任)*

나 찾아봐라

지리산

천왕봉 내려와

법계사 해우실

문고리 걸고 앉아있는

천 년 번뇌

색(色)에 담아

공(空)에 말린

나

찾아봐라

* 보임 : 번뇌가 생기지 않게 열반을 유지함

본향(本鄕)으로

영안실 지나
화장터

막걸리 한잔
멸치 한 마리 삶
손 흔들어 주고

바람 따라
연기 따라

되돌아가는구나
되돌아가는구나

어하(於化)
어허이(於虛已)
어호(於乎)

어두운 침묵 그곳으로

태어나기 전

본향(本鄉)으로

사랑은

하이얀 봄 길에서 만난
라일락 향기

악마가 그린 수채화

폭우 내리는 밤
술 취한 사내가 기댄 가로등

아름다운 노래의 마지막 구절

왜 사느냐 신(神)의 물음에
미소 짓는 것

포유류 몸에서
신(神)의 피가 반짝이는 것

너 안에서 나 찾아내는 것

다 버리고
더 받아가는 것

중생이 즉 부처임을 깨닫는 것

12월 하느님께 드리고 싶은
선물

산사(山寺)

열아홉

비구니 가슴

꼴록

꼴록 꼴록

밤 지샌

불경 소리

비오는 산사

새벽이 운다

지리산 천왕봉 오르는 길목

상제 부처님

나무 부처님은
하늘 부처님 쳐다보고
물 부처님은
바다 부처님 찾아가는데
비 부처님 기다리는
꽃씨 부처님 가슴 곁에
새 생명 이어 달라는
지렁이 부처님이
임신한 산새 부처님에게
나지막이 몸을 맡긴다

부처님 가득 찬
무등(無等)세상
달무리로 어린
정(情) 탓인가

바람 머물다 간

정 탓인가

두타산 하늘문

맨발로 오르는 상제 부처님

떴다 감은 눈에

눈물이 고인다

세월

육십 년 전
엄마 나 똥 쌌어

육십 년 후
아들아 나 오줌 쌌다

세월아
참 잘했어요

막힌 이승
그래그래 시원하게 싸다
가거라

소원 하나

반야경

일만 번 사경하면

소원 하나 이루어진다고

나 없는 곳으로 떠날 때까지

입던 옷 그대로 입고

소원 없는 소원 하나 바라는

나에게

오대산 상원사 가는 길에

이승 볼 일 다 끝낸

키 작은 선승이

'참 욕심이 많군.' 했다

스승의 날

오월 하늘을 흔들면
눈물이 줄줄 떨어진다

하늘에 먼저 올라간
제자들이 날 울린다

덕순이 순분이 김래 정원규 장중렬 최홍석…

바람 불어 창문 흔들리는 땅
파랭이꽃 라일락 모란 개나리 가득한데

하늘 영원 어디엔가
모두 고운 물빛으로 잘 있겠지

두고 온 인연 자국 그리워 비가 되어도
눈물 닦아줄 수 없구나

해마다 찾아오는 오월

울음 글썽이는 하늘 보고픈 넋들이여

순백(純白)의 넋들이여

나의 넋들이여

어머니

나 그리워

밤새 서서 우는 님

나 보면서

나 보고 싶다는 님

나 생각뿐

욕도 거짓말도 모르는 님

나보다

날 더 사랑하는 님

삼베옷 입고 울다

흰 꽃 한송이 드릴 님

아픈 아들보다

제발 먼저 돌아가시길...

어머니 사랑

몇 년 전 중국 쓰촨성 지진 때
무너진 집 잔해를 몸으로 막고 웅크린 채 숨진
여인의 품에서 아기가 숨 쉬고 있었다
포대기 속 휴대전화에 문자 메시지가 있었다
'사랑하는 나의 보배야 살아남으면 꼭 기억해다오
내가 널 사랑했다고'

우리를 울리고 또 울리는 어머니
당신의 무한한 사랑은 무엇으로 만드셨나요
신(神)이 모든 곳에 있을 수 없어서
어머니를 보냈다 (유대금언집)는 말
하늘 아래 눈 감아 조용히 생각합니다

엑스터시*

구토 위에

멀미

하얀 소름

뺄밭

도레미파 도가 아니고

솔라시도 도까지 올라와

하늘 한번 꼭 보고

내려가라는

온몸 터는

암호

---

* 엑스터시 : 성(性)은 생의 의미다

여준(如準) 비구니

바람마저 언 북한산
겨우겨우 살아감이
진정한 삶 아니냐고
눈 쌓인 일선사
보현봉에 오르니
해어화(解語花) 한 송이
자비로움을 집으로 삼고
참음을 옷으로 살란다(慈室忍衣)
고요히 반야경 드리고
하산한 오늘 밤
어둠은 왜 이리 잠들지 못할까
잘 웃는 2월 햇살
보주(寶珠)든 여준비구니 알몸에다
온기 도는 마애불 하나
팔 부러지게 새겨 달라는
마음 없는 마음이
열린 문을 두드린다

왕

왕이 길을 가다 나그네에게 물었다
'너는 누구냐'
나그네가 답했다
'나는 왕이다'
왕이 다시 물었다
'내가 이 나라를 다스리는 왕인데 너는 어느 나라를
다스리느냐'
나그네가 또 답했다
'나는 나 자신을 다스린다'

태어나기 전 나는 내가 아니고
죽은 후에도 나는 내가 아닌데
지금 나는 나일까
서면 죽고 싶고 누우면 살고 싶고
낮이면 죽고 싶고 밤이면 살고 싶은 난
나를 다스리기 싫다

외로워지고 싶다

풀잠자리 곁
졸고 있는 간이역 역무원으로

밤 0시
눈먼 갈매기 달래는 등대지기로

검정고무신 신고
산으로 들어간 벙어리 스님으로

둘 셋 아닌 원융(圓融)한 하나로
날마다 날마다
외로워지고 싶다

해발 천미터 산꼭대기
내 무덤처럼

지리산 천왕봉 오르는 길목

우리 하느님은

우레처럼 놀라는 하루하루
기도와 영상 되풀이하며 손 내밀어도

우리 하느님은 장님입니다
밝음도 어둠도 보지 못하는

우리 하느님은 귀머거리입니다
침묵도 소리도 듣지 못하는

우리 하느님은 벙어리입니다
웃지도 울지도 못하는

우리 하느님은 머저리입니다
나타나지도 사라지지도 못하는

우리 하느님은 바보입니다
십자가 만들 못도 망치도 없는

그래도 새벽이면 꼭 찾아뵙는
우리 하느님 우리 하느님

자살

절두산 바위 아래
강물은
저승에서 살자고
출렁입니다

인생이
살만했다는
한 마디만 남겨두고
출렁입니다

사랑한 이
사랑해준 이
다시 만나는 날
조금만 기다리라고

다른 나를 찾아

나를 버리고

떠납니다

그럼

종이비행기

'삶에 대하여 써 오너라'

스승이 제자에게 말했다

일 년이 지나 제자는 100쪽 종이에다 써 가지고 왔다

스승은 다시 써 오라며 돌려보냈다

5년 후 제자는 10쪽 종이에다 써 가지고 왔다

스승은 또다시 돌려보냈다

10년이란 세월이 흘렀다

제자는 텅 빈 백지 한 장을 가지고 스승을 찾아왔다

스승은 말없이 그 종이로 비행기를 만들어 제자에

게 주었다

삶이란 종이비행기인가

쥐

쥐똥 쥐뿔 쥐젖 쥐좆 쥐꼬리 쥐방울
쥐불알 쥐구멍 쥐새끼....
세상말세 쥐 뿐이다
검고 끈끈한 눈에 누진한 배때기 끌고
아침 신문 밟으며 줄지어 사라지고
저녁 TV 안에서 이빨 앞세워 떼 지어
기어나온다
어매
모로 누워 죽을 요것들이
머리에 쥐난다 쥐가 나

지(知)

지랄하네

지랄하네

하나를 알면 하나를 모르고

전체를 알면 전체를 모르는 것이거늘

나 자신도 모르면서 세상사 다 안다고

성직자가 지랄하고

학자가 지랄하고

시인이 지랄하고

알면 병이요 모르면 오래 살거늘

모른다는 것 깨닫기에

한평생도 모자라는데

쓰레기 세상 너도나도 지랄하네

하늘의 도는 침묵으로

빛나는 어둠 속 깊숙이 있나니

최상의 삶이란

모르는 것도 모르는 것

지랄하네

지랄하네

알 지(知)자가 지랄하네

지금 여기

지금이 어제 떠난 이가
그토록 머물고 싶어 하던 시간이었고

여기가 먼저 간 이가
죽도록 살고 싶어 하던 자리였기에

몸부림칠수록 아름다운 오늘만은
사람으로 꼭 살고 말리라

지금이 내일 떠날 이가
그윽이 그리워할 시간이었고

여기가 나중에 갈 이가
되돌아 오고파 할 곳이었기에

무릎 꿇어 눈물 글썽이는 오늘만은

정성으로 꼭 살고 말리라

지금

여기

지하수

눈 감고 귀 막고 입 다물고
얼굴 지우며

고개 숙이고 허리 굽히고 무릎 꿇고
몸 수그리며

더 깊고 더 낮고 더 깨끗하고
더 슬기롭게

큰 어둠 눈부신 공(空) 찾아
아래로 아래로 내려가는 너

축사(祝辭)

금수강산 대한민국에

다섯 마리 학*이 나르시어

황산과 신혜영이 하는 일마다

하늘이 내려주신 복(福)이시니

사랑과 정성으로 불혹의 나이 되면

백만장자 청부(淸富)가 되어

모든 생명들에게

지혜와 자비를 베풀어

세상을 아름답고 넉넉하게 할지니

이 두 분의 결혼을

어찌 감축드리지 않으리오

---

*다섯마리 학 : 재산 건강 수명 덕 자식

치매

착한 사위 예쁜 며느리

어젯밤 꿈처럼 그냥 잃어버리고

열아홉 기억으로 돌아가

마른 버짐 핀 진문둥이

여잘 만나고 싶다

돌도 풀도 없는 끝에서

빨간 피 흐리며

사랑한다는 말 하고 싶다

모든 게 지나가고

사라지는 예순 나이에

하루살이와 사람

조물주가 하루살이에게 말했다
'너는 내일 죽을 것이다'
하루살이는 활짝 뛰면서 웃었다

조물주가 사람에게 말했다
'너는 내일 죽을 것이다'
사람은 엎어져 울었다

두타산 관음암 뒷간에 걸쳐 앉아
왜 웃고 왜 울까 아랫배 힘주며 생각하다
찰나와 영겁을 시뇨(屎尿)에 싸댑니다

한맛비*

틀림 속에 묻힌
다름을 믿습니까

다름 속에 보이지 않는
같음을 아십니까

같음 속에 찾아낸
한 몸이 움직입니다

한맛비 내리는
명상이여

기뻐하소서
기뻐하소서

---

* 한맛비 : 가리지 않고 모든 나무, 돌 등을 윤택하게 하는 비. 부처의 설법

흰 소리 검은 소리

고통

배가 고프면 참을 수 있어도 배가 아프면 참을 수 없다.

그러나 고통은 나를 죽이기 위해서가 아니라 나를 강하게 살리기 위해서다. 시래기 죽처럼 허물어지지 말자.

고통을 가졌다는 것은 살아 있다는 증거다.

인연이 다하면 사라지는 고통을 창조주가 주는

선물이라고 미화할 수 있는 능력이 필요하다.

만약 육신이 없다면 무슨 고통이 있겠는가?

더 나아가 타인의 고통을 볼 줄 알아야 한다.

통증1(요통) 통증2(생리통) 통증3(두통)

통증4(치통) 통증5(산통) 통증6(사통)

인생을 성공으로 이끌 수 있는 단어란

공자는 란(難), 석가는 고(苦), 예수는 십자가라고 했다.

고통이 싫으면 고통이 되지만 좋으면 고통이 아니다.

기쁨의 씨앗인 고통으로 인해 생명은 성장하며 진화된다.

그리고 환경에 적응한다. 겸손하게 받아들인 고통은 불행이 아니라 행운이다. 높은 산 위 나무가 물가의 나무보다 뿌리가 깊고 튼튼하다. 열대지방 나무보다 한대지방 나무가 단단하다.

자주 웃으면서 고통을 자비와 지혜로 잘 다듬어 영혼을 승화시키는 것이 삶의 이유가 아닐까?

공(空)

고(苦)를 끊는 핵심인 공(空)은 텅빔과 가득참을 함께 함으로 이해하기가 어렵다. 없앨 수도 없고 있게 할 수도 없는 존재는 비존재로부터 만들어지는(有生於無 色生於空) 있도록 하는 보이지 않는 힘이다. 종교재판에 사형당한 에캇트는 공(空)을 인격화하여 신(神)이라고 했다. 공은 너와 내가 사라진 전체로 우주의 본질이다.

색으로 보면 인간이지만 공으로 보면 부처다.

내가 공에서 나왔으니 내가 바로 공이며(我生空界我全是空) 고달픈 영혼을 치료하는 약이다.

부처의 꿈을 꿀 때까지 없어져야 하는 나는 취해 살다 꿈속에 죽을지언정 오직 만족함을 알아야 한다(吾唯知足) 생명의 근원 공을 그 아무리 아름다운 미인도 결국 남기는 건 공이라는 사실과 함께 깨달아야 한다.

교화

세상사에 관여하지 않든 큰 스님은
제자들이 말려도 죽을 때까지 좀도둑질을 했다.
교도소 죄수들과 같은 처지가 되어 교화시키면
효과가 있기 때문이다(눈높이 교화 : 색신삼매).
자기 자신이 바보가 되어 바보들을 바보가 아니게
끔 인도하는 것이다.
또 스님은
도는 배설물 속에 있다며 똥을 싸서 벽에 발랐다.
제자가 방문을 여니까 방안에 향기로운
냄새가 가득 차 있었다.
가슴이 뭉클한 제자가 '스님이 부처님이에요' 했더니만
'요놈의 새끼' 하셨다.

노력

간절히 바라며 노력하는 사람에게 인생이 주는 선물은 기적이다. 기적은 기적처럼 오지 않는다.

어제 땀을 흘리지 않으면 오늘 눈물을 흘리고 내일은 피를 흘리게 된다.

쇠로 만든 소의 피를 빠는 모기(鐵牛蚊子)처럼 유전인자 (돈오)보다 노력으로 살아보자 (점수).

이태백보다 두보가, 모차르트보다 베토벤이 더 감동적이지 않는가

부래가 없어 뜨지 못하는 상어가 강한 것은 끊임없이 헤엄치기 때문이다.

천재의 머리보다 바보의 노력이 낫다.

머리로 깨닫지(解悟) 말고 몸으로 깨달아라(證悟).

수많은 노력이 하나의 성공을 만든다.

성길

죽어본 사람만이 죽음에 대해 정확히 말할 수 있다. 그러나 죽은 사람은 말을 할 수 없으니 어찌하겠는가. 죽음이 나쁜 것인지 아닌지 영생이 좋은 것인지 아닌지 태어나기 전 존재하지 않았던 나와 죽은 뒤 존재하지 않는 나는 무엇이 다르단 말인가.

죽을 때 죽더라도 살 때까지 열심히 살다가 본향으로 다시 돌아가면 되지 무엇이 아쉬운가.

지금은 70억 인구 중에 나는 몇 번째 좋은 사람일까?

살아있는 마음(性:生心) 선비의 입(吉:士口)으로 베푸는 것이 아니라 나누는 것이 가장 큰 즐거움임을 실천하자.

타인의 밤이 나의 아침을 만들어 준다는 고마움을 가지고 모든 것과 조화롭게 살자.

나는 누구인가 인생은 무엇인가?

대답없는 질문은 그만하고 사랑과 정성으로 내 육

신을 향기로 발효시키자.

뱃살이 불어나고 마음은 옹졸해지는 나이 구시렁대며 썩지 말자.

아내 명숙

노부모와 아내 그리고 내 나이를 합하면 우리 집 평균 연령은 일흔여덟이다.

요양 · 장애 2등급 어머니와 아흔한 살 노환인 아버지 갑상선으로 3년째 고생하는 나를 포함 환자 3명을 돌보며 사는 환갑 넘긴 아내의 하루는 이른 아침부터 들썩인다. 작년 대학병원에 입원한 아버지 침대 곁 보호자 자리에 걷지 못하는 어머니를 누이며 아내는 두 분을 간병했다.

병실 모든 사람이 감동하여 아내를 향하여 천사입니다. 대단합니다는 말을 아끼지 않았다.

그리고는 겸연쩍은 나에게 장가 잘 들었다는 말을 덧붙였다.

열매나 꽃이 충실하고 아름다운 것은 뿌리가 어둠의 고통을 참으며 영양분을 공급했기 때문이라며 나는 옹색한 말을 찾아댔다.

우린 1976년 6월 6일 12시에 처음 만났다. 마장동 경마장을 향하는 택시 안에서 본 아내의 옆모습이 참 잘생겼었다.
먼지를 일으키며 기수를 태우고 달리는 말들을 보며 결혼을 할 것인가 말 것인가 마음대로 하라고 했다. 못생기고 가진 것 없고 시시한 학교를 다녔고 시골 학교 교사로 내세울 것 하나 없는 별 볼 일 없는 주제에 선택이란 내겐 무리(無理)였다.
또한, 인간이 인간을 선택한다는 자체가 이기주의요 오만이라고 생각했기 때문이다.
다행히 아내는 나를 선택했고 나는 선택되어 다음해 1월 결혼식을 올렸다. 우린 첫날밤 처음 입맞춤을 했고 아내의 밝은 영혼 맑은 육신을 보았다.
그리고 연년생으로 산(아들 이름)이 아름(딸 이름)답다는 주어 서술어가 다 갖춘 문장을 만들었다.
그 후 시동생의 사업실패로 살던 집이 넘어갔고 아내는 남편 월급에 아이 돌보미 하여 아비없는 조카

들을 대학까지 보내다 보니 안압이 터졌고 구안와
사병까지 걸리며 후벼파는 운명과 열심히 싸웠다.
깊은 슬픔이 늘 따라다닌 삼십오 년 세월
만 원짜리 지폐처럼 풀어놓으니 쓸 것이 없다.
그래도 남아있는 시간이나마 예은이, 예원이, 다인
이 예쁜 손녀들을 보며 아들 며느리 사위 딸을 위해
새벽마다 밤마다 기도드린다.
겨울밤이 깊어간다.
인생이란 사랑하기에도 부족한 시간이라는
피에르 신부의 말을 떠올리면서...
입을 약간 벌리고 잠자리에 든 아내의 얼굴을 측은
하게 바라보는 나는 아내의 손을 꼭 쥐어본다.
아내를 껴안아 줄 힘없이 숨을 거둘 때
아내에게 마지막 이 말만을 꼭 하리라 '사랑해'.

굴곡과 기복이 심한 오봉

악(惡)

인간 속에 없는

선(善)을 이루기 위해 악(惡)을 사용하는 신(神)은

진정한 신인가.

선을 싱싱하게 해 주는 악은 인간이 인간으로서 존재하려면 정말 필요한 것이 아닌가.

런던 북쪽 북해에서 청어를 잡아 런던까지 싣고 오는 어부들은 어항에 청어의 천적인 메기를 넣는다.

청어가 싱싱하게 살아있도록 하기 위한 조치다.

항해 도중 몇 마리 청어는 메기에게 잡아먹히지만 다른 청어들은 살기 위해 열심히 헤엄쳐 도망 다닌다.

덕분에 나머지 청어들은 싱싱하게 살아남게 된다.

선하기도 어렵지만 악하기도 어렵다.

인간 내면에 있는 악이 양심을 어긴다고 해서

어찌할 것인가.

선과 악이 부딪쳐 다른 선을 만들어 내고 다른 선은

다른 악과 부딪쳐 또 다른 선을 만들어내는 정반합의 논리에서 늘 희생되는 악이여!

어둠

별이 아름다운 것은 먼 곳에 있기 때문이며
별이 빛나는 것은 어둠이 있기 때문이다.
빛이 찔러도 어둠은 눈물을 보이지 않는다.
어둠은 빛의 어머니다.
빛이 힘들어 피곤해하면 어둠은 넉넉히 품에 안는다.
빛을 향하는 유신론자는 인간은 신을 닮았다고 하고
어둠을 향하는 무신론자는 신이 인간을 닮았다고 한다.
향할 곳 없는 나는 모른다고 한다.
기도드리다 죽은 김현승 시인처럼
그림 그리다 죽은 화가 세잔느처럼
반야심경 사경하고 해발 천미터 산을 오르다.
죽을련다 어둠을 사랑하는
인생은 반만 행복해도 성공이다.

업

아들 셋을 둔 부자 할머니가 있었다.

할머니의 아들들은 재산 때문에 서로 모시려고 했다.

가위바위보로 막내가 모시게 되었다.

재산에 눈이 먼 막내며느리가 할머니를 죽이려고 라면에다 농약을 넣었는데 마침 옆집 할머니의 생신초대를 받은 부자 할머니는 출타 중이라 학교에서 돌아온 손자가 그 라면을 먹고 죽었다.

업이다. 아무리 존엄한 생명체이더라도

잘못했으면 벌을 받아야 한다. 그래야 세상에 대하여 불평불만이 없다.

탐욕스럽고 더러운 방법으로 얻은 권력이나 금력을 믿고 세상을 농락하는 자는 비참한 결과를 맞이해야 한다.

깨끗한 공기 깨끗한 물(음식) 깨끗한 생각으로 바른 길을 따라 남의 행복을 도와주고(慈) 남의 불행을 덜어주는(悲) 자비를 향하며 담백하게 살아가자. 돈이 많을수록 몸이 약해진다(財多身弱)는 말을 되새기며...

북한산 문수봉

여초(1)

삶은 현미경으로 보면 슬프고

망원경으로 보면 우습다.

결혼은 그릇이고 사랑은 밥이다.

옥 그릇에 따스한 김 오르는 햅쌀밥.

가장 좋은 술은 맹물(至酒 無酒 : 玄酒)이듯

깨달은 사람은 깨달음을 나타내지 않는 평범한 사

람이다(至特無特).

부자란

베푸는 자가 아니고 나누는 자다.

사람에게 필요한 금은

황금, 소금, 지금 3가지다.

계란이 스스로 안에서 깨어지면 생명을 얻고

밖에서 남이 깨뜨리면 죽음이다.

무엇이든 먹어야 한다는 고민과

무엇을 먹어야 한다는 고민은 수준이 다르다.

바람은 마음이다.

보이지 않고 잡히지 않고 늘 갈 곳이 있다.

여초(2)

살면서 사랑하는 사람을 만난다는 건 달콤하다.

그 사람이 언젠가 변하고 떠난다는 건 쓰라리다.

그러나 행복하다.

달콤함과 쓰라림이 합쳐야 진정한 행복

아름다운 무늬의 삶이 되기 때문이다.

소리는 모자람에서 생긴다.

가득 채우면 소리가 없다.

가장 큰 소리는 들리지 않듯이

가장 큰 존재는 보이지 않는다.

형체로 나를 보거나 음성으로 나를 구하지 마라.

결단코 절대자를 보거나 듣지 못한다.

(若以色見我 以音聲求我 是人行邪道 不能見如來)

삶이 높이(돈, 명예, 권력의 소유)보다.

삶의 태도(사랑, 정성의 존재)가 중요하다.
팔기 위한 내 집보다 살기 위한 우리 집에서
불필요한 것 가지지 말고 살자.
투쟁하여 혼자 가지는 쾌락보다.
협동하여 함께 가지는 기쁨을...
높은 산보다 아름다운 산에 오르자.

원수는 물에 새기고
상처는 모래에 쓰라.
은혜는 돌에 새기고
사랑은 가슴에 쓰라.

신발의 크기가 맞으면 신발을 잃어버리듯
삶이 즐거우면 신(神)을 잃어버린다.
자신이 신이 되어 있다.
신발이 작거나 커서
고통에 신음할 때 좌절에 빠져있을 때

인간들은 신을 부르고 찾는다.

신은 진통제인가 마스코트인가?

포위되었다는 부정적 사고보다.

사방을 공격할 기회가 왔다는 긍정적 사고가

지나치면 경솔해지지만

문제 해결 능력을 신장시킨다.

왼쪽 눈을 천천히 껌뻑이는 것 외에

아무것도 할 수 없다는 말을

아무것도 못 하지만 왼쪽 눈을

천천히 껌뻑일 수 있다로 바꾸자.

도봉산의 최고봉인 자운봉

오해

명동 다방에서 소설가 김동리는 꼬집히니 벙어리가 운다고 시인 서정주에게 말했다. 서정주는 꽃이 피니 벙어리가 운다로 듣고선 얼마나 아름다운 꽃이 되었기에 말 못하는 벙어리가 울까 감동했다.

미국 뉴욕 흑인 강도가 엘리베이터 안에서 권총을 들이댔다. 한국 할머니는 벌벌 떨며 두손을 들고 고개만 아래로 끄떡이며 가리켰다. 돈이 아랫배 주머니에 있다고...

흑인 강도는 섹스하자는 몸짓으로 받아들여 발로 찼다.

퇴근시간 신임여교사와 차를 같이 타고가던 경상도 교장이 말을 걸었다.

마징가(맏이인가)?

당황한 신임여교사가 쑥스럽게 말했다.

제트(Z)...

우리나라 사람이 프랑스로 침대가구를 팔려고 갔다.

미인을 만났다. 불어를 몰라 그림을 그려 의사를 통했다. 택시를 그려 택시를 같이 탔고 식당을 그려 밥을 같이 먹었고 춤추는 모습을 그려 춤도 같이 추었다. 침대를 팔려고 마지막 침대를 그렸는데 미인은 잠자리를 같이 하자는 줄 알고 뺨을 때렸다.

장모 생신날 춘천댐 매운탕 집에 갔다.

더운 날씨로 문을 활짝 열고 식사를 하는데 옆방 손님들이 시끄럽게 지나가고 있었다. 나는 너무 시끄러워 방문을 닫으라고 했는데 장모는 담배 피우고 술 마시는 당신이 창피해서 사위가 문을 닫으라고 했다며 토라졌다.

오해는 이해를 3번 하면 해결된다.

이해 곱하기 3은 육해다 일해가 남지 않는가?

인간 기준

치료불가란 판정을 받은 말기 암 할머니가 혼자 집에 있는데 강도가 칼을 들고 말했다.

'돈만 주면 살려 준다.'

할머니가 말했다, '유명한 의사도 못 살리는데 니가 어떻게 살리겠는가?'

죽음을 넘어서게 하는 것이 종교다. 어떤 종교를 믿는 것보다 어떻게 종교를 믿느냐가 중요하다.

고린도 전서에 사랑이 믿음보다 앞선다고 했다.

사랑의 실천은 바지를 입은 채 오줌 누는 것과 같다. 모든 사람이 알게 되지만 그 따뜻함은 자신만이 느낄 수 있다. 이 세상에서 제일 좋은 약은 사랑이다.

더 나은 세상을 말하는

김혜자(탤런트)는 꽃으로도 때리지 말라고 했다.

한비야(여행가)는 비포장도로 먼지가 밀가루이면 얼마나 좋을까? 아프리카 배고픈 아이를 걱정했다.

하지만 이것은 이기적인 인간을 기준으로 한 것이다.
먼지로 돌아가기 전에
지금 지구에 생명으로 함께 사는 동물, 식물
무생물 보이지 않는 모두를 하늘의 기준으로
사랑해 보자.
집안에 냉장고만 여러 대 있고 다른 살림도구가 없으면 불편하듯 지구에 인간이 너무 많다는 사실을 인식하자.
숨이 헐떡이는 행성이 말했다, '난 상태가 안 좋아
아무래도 호모사피엔스가 생긴 것 같아.'
다른 행성이 말했다, '저런 안 됐군. 나도 전에 호모사피엔스를 앓았어 하지만 걱정 마 곧 사라질 거야.'

일일시호일(日日是好日)

신의 이름을 아느냐?

신은 이름이 없다.

성경엔 모세의 단 한 번 질문에 신은

에흐예 아세르 에흐예 즉 나는 있는 자라 답했다.

있음 자체란 뜻이다.

돈이 꽃보다 더 아름답다는 말법시대.

부처가 이 세상에 오신 이유(一大事因緣)는

인간이 신의 스승, 곧 인간이 부처임을 알리기 위해서다(佛知見).

천당. 극락이. 지옥 없다는 것이 확실하다면

악인에겐 큰 혜택이다. 이기와 이타가 병존하는 속세 선인을 위해서 천당 극락은 꼭 있어야 한다. 간통의 월요일은 보시로 강간의 화요일은 지계로 폭행의 수요일은 인욕으로 살인의 목요일은 정진으로 강도의 금요일은 선정으로 절도의 토요일은 반야로 일

주일을 만행하자.

날마다 좋은 날(日日是好日)을 우리에게 가져다

줄 것이다.

자만

비행기 안내방송에서 엔진에 약간 고장이 생겨 회항하겠다는 것이다.

여승무원이 창가에서 울고 있는 것을 본 교수는 큰 일 났음을 짐작하고 인생을 정리 회상하며 기도를 드렸다. 제발...

무사히 비행기가 공항에 도착했다.

교수는 여승무원에게 다가가 왜 울었느냐고 물었다.

애인과 약속을 어기게 되어서였다고 했다. 똑똑하고 잘난 교수 스스로 판단과 자만은 고통스러울 뿐이다.

'너에게 묻는다.

연탄재 함부로 발로 차지 마라.

너는 누구에게 한 번이라도

뜨거운 가슴이었나.'

라는 안도현의 시를 읽고 머리와 관념으로 사는 나는 무척 반성했다.

하다 하다 할 것 없으면 정치하라는 말이 있는데
지금은 똥덩이에 달라붙은 파리
아니 싸움닭 정치인이 되겠다는 이 시인이 안쓰럽다.
증오와 분노가 포화 한계를 넘어선 탓이라 해도
망조다.
안하무인의 언어가 사는 맛인지
개콘보다 웃기는 찌질이니,
그녀 잘 가꾼 악의 얼굴이여라니.
뻘짓 그만하시고 차라리 쥐구멍에 들어가라러니
떠드는 그에게
나도 야속한 말 좀 해야겠다.
촐랑거리는 논리와 지식을 가진
너도 뻘짓 그만 하시고 쥐똥구멍에 들어가거라.
자만(차돌)보다 겸손(흙)에 진리(물)가 잘 스며든다.
남까지 깨끗하라고 달구치는 간사한 자가 되지 않
으려면 세상이 어려울수록 꽁꽁 얼어 미쳐 날뛰는
마음부터 잘 간수하여(救放心) 꿈과 희망으로 활짝
열고 서로를 격려해 주길 바란다.

종교

빛과 빛은 충돌하지 않는다.

이 세상을 더욱 밝게 할 뿐이다.

종교전쟁

나는 옳고 너는 그르다는 차별을 너와 나는 다르다는 차이로 고쳐야 한다.

소나무가 무성하면 잣나무가 기뻐하지 않는가(松茂柏悅).

종교의 의지와 열망이 지나치면 우주에 대한

근원적인 판단을 마비시켜 암흑이 된다.

분리 없는 우주는 모든 것이 하나인데

인간은 늘 어리석다.

우산을 들고 비를 찾아다니고 기름 들고 불 속에 뛰어들며

종이에다 호랑이 그려놓고 무섭다고 떨고 있다.

산에서 나온 종교는 배와 같다.

신도의 수와 규모에 따라 배가 크고 작을 뿐
인생의 강을 건너가면 된다.
나처럼 배멀미 하는 자는 스스로 헤엄을 쳐야 한다.
가진 것을 버려라.
자신을 비워라.
편안한 마음 더 큰 기쁨으로 도강하려니.

죄무자성(罪無自性)

죄를 지었는데도 대가를 치르지 않는다면 그것이

인간의 존엄을 짓밟는 것인가 죄는 자성이 없는데

마음을 좇아 일어나는 것이다.

마음이 만약 없어지면 죄도 따라 없어진다.

죄도 마음도 없어져서 두 가지 다 공한 상태가 되면

이것을 이름 하여 진짜 참회라고 하느니라(유마거사)

죄는 조건 환경에 의해 만들어지지만 극소수의 악인은

본인에 의한다.

성선설에 가까운 불교는 환경(緣)에 원인을 두고

성악설에 가까운 기독교는 자기 자신(因)에

원인을 두지만

죄를 짓지 않고 조용히 사는 것보다 죄를 짓고

참회하는 것이

뒤로 갔다가 앞으로 가면 더 멀리 갈 수 있듯이

깨달음이 더 클 것이다.

퇴직 후 바닷가 작은 모텔을 경영할 때
친구회사 직원이 장모와 함께 숙박을 했다.
공무원 연금, 부동산 등으로 경제적 어려움 없이 아들 딸 출가시키고 풋풋한 행복감으로
수평선 바라보며 농사짓는 우리 부부를 보고 직원의 장모가 울었다.
몇 해 전 사망한 남편 생각에 또 다른 슬픈 일에...
자신은 왜 불행하냐고
그 일로 나는 알게 되었다.
나의 행복으로 불행한 남을 울리는 것도 죄라는 것을
부처가 탁발한 이유는 사람들에게 베푸는 복을 받게 하기 위해서다.

진공묘유

아상 인상 중생상 수자상 불법상...

유무를 따지는 자체가 허물이다. 안팎과 가운데와

가장자리가 있고

유무가 있으면 따지는 상이 생기고 차별이 만들어 진다.

생로병사 동서남북 색수상행식 등 주객이 분리되어

헤매다가 탐진치란 고통이 뒤따른다.

상을 극복하면 극락이요 치료하지 못하면 지옥이다.

번뇌를 끊는 방법은 번개같은 지혜와 벼락같은 자비다.

자아상실을 통한 자아 실현이다.

버려라 얻을 것이다 다 버려라 다 얻을 것이다.

텅 비워라 가득찰 것이다.

예수처럼 석가처럼 우주의 진리가

장님이 되면 보일 것이고 귀머거리가 되면 들릴 것이다.

보면서도 모르고 들으면서 알지 못하는 가관이여

세상이 꿈인 줄 알고 깨어나면 한없이 신비로우니라.

(知夢非夢 眞空妙有).

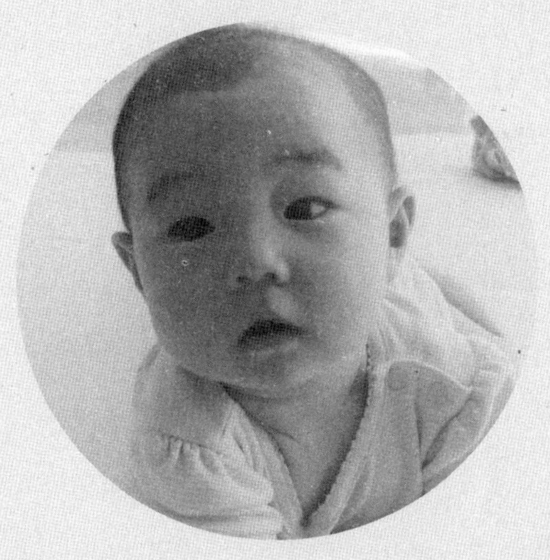

체씨여

하늘을
독수리로 날든 똥파리로 날든
땅에 떨어지니까 똑같더라.
스카이대 나와 예쁘고 똑똑한 아내에
권력과 금력 명예까지 징그럽게 짊어진
아는 체 있는 체 잘난 체 하는 체씨여.
한 사람의 천 걸음보다 여러 사람의 한 걸음이 낫고
멀리 가려면 여럿이 가라는 아프리카 속담이 있다.
쓸모 있는 것(有用)은 쓸모없는 것(無用)에 의해
쓸모가 있게 된다. 발 디딜 땅만 필요하다고
디디지 않은 땅을 파 버리면 디딜땅도 쓸모가 없어진다.
체씨여
목에 힘을 빼고
새벽마다 하늘 향해 33번 절을 해라.
네 오줌을 마시고 네 똥을 만져라.

하심(下心)이 생겨 약초의 삶이 되려니

낮은 데를 향하여 흘러가는 물처럼 공덕을 쌓으며

끊임없이 자기를 낮추어라.

죽으면 다 공(空)이다.

통도사 둘러친 영축산

비

하나

비가 내렸다.

이브의 후회의 눈물이 나를 향하며 내리치고 있었다.

정수리에서 목을 따라 구불대는 창자를 지나 전립선까지 지지직 번쩍이는 전류가 흘렀다.

온몸이 조각조각 잡아 끊어질 듯 이빨이 덜덜거렸다. 고통을 감당할 수 없어 으스러버릴 머리를 움켜진 채 몸이 웅동그라졌다.

이마에 땀이 배고 눈이 충혈된 난 간신히 엉금엉금

기어서 진통제를 한움큼 삼켰지만 소용없었다.

비 냄새를 잘 맡아 누우라고 불렀던 그녀와의 기억을 아직도 간직하고 있기 때문이었다.

코를 질질거리며 구구단을 외울 때부터 붉은 토마토 터지는 소리로 깔깔대고 우접으며 젠 체하는 누우가 좋았다.

금이 간 학교 종이 이 빠진 소리로 하교를 알리면 책보자기를 허리에 동여매고 황급히 검정고무신을 신었다.

긴 흙담장 함석지붕인 누우의 집까지 깡통필통 속 몽당연필이 유난히 달그락거리도록 따라나섰다.

돈이 없어 노름판에 끼어들지 못하고 노름쟁이 심부름만 해대는 아버지와 철공소에서 해머질하며 마른 창자로 야간학교를 다니다만 나에게 꽁보리밥을 해주던 어머니가 뇌졸중으로 돌아가신 해 단옷날 콩알이 오그라들고 가지와 잎새가 유독 말랐었다.

숨길 수 없이 앞가슴이 둥글 통통하게 커지고 엉덩

이에 탱탱한 살이 올라 머리가 길어진 누우가 그네를 매어 달라고 했다.

날씨 한번 참 좋다며 모처럼 입에 침이 가득 고인 난 늙은 느티나무에 오르다 옹이에 걸려 땅에 떨어졌다.

다시 정신을 차렸을 때 겨드랑이에 끼고 깨금을 뛰어야 할 두 목발이 기다리는 회색 침대에 누워있었다.

손등으로 울음을 문지르며 하늘이 저리도 푸른데...

징징대는 내 손을 누우는 꼭 쥐고 사랑한다며 분홍빛 조개 입술을 내밀어 주었다.

밤을 지새우는 장미가 시들지 않게 아스피린 두 알을 꽃병에 담아 주면서...

흰 살결 잘록한 허리로 무작정 끌어안으며 사랑을 다짐하는 누우의 눈 빛깔이 아름다웠다.

가끔 흰 돛단배를 타고 청포 입은 손님이 온다고 하이얀 모시 손수건을 마련하겠다는 시를 들려주었다.

내 눈물을 달래는 엄마 젖 같은 누우는 어둠 속의

아름다운 별이었는데 몇 달이 지나 구름이 해를 가리고 새파란 하늘까지 밀쳐버리는 날 비가 내리기 시작했을 때 하늘에도 슬픈 일이 있는가? 창턱에 몸을 쪼그리고 앉아 목고개를 옆으로 돌린 누우는 한참 동안 훌쩍거리다 절룩거리는 나에게 찡그린 얼굴을 내밀었다. 글을 읽을 수 없고 말도 하기 싫다고 했다. 그리고 뒷모습도 남기지 않고 말없이 사라졌다.

나에게 애걸할 틈도 주지 않고 눅눅한 초원을 향해 흙먼지를 일으키며 아프리카보다 더 멀리 달아난 누우…

그날 저녁 소소리 바람이 하롱하롱한 봄꽃 잎이 다 떨어지게 요란하게 불었고 채찍소리를 내는 소나기가 밤하늘을 찢으며 퍼부어댔다.

마음을 다 뜯어 버리는 걷잡을 수 없는 배신의 분노가 한 방울 두 방울 가슴 바닥을 두드리고 짓누르며 홍건히 괴었다. 애벌레처럼 누워 눈을 감았다.

나비가 되어 훨훨 날아 그리움의 집으로 가리라 작

정했지만 헤어짐에 아무런 느낌이 없도록 최면을 걸수록 누우가 면면히 떠올랐다. 세포 마디마디 쌓이는 살갗 찢어지는 고통을 벗어나는 방법이 텅 빈 머리에 스며들었다.

길모퉁이 가게에서 산 도루코 면도날을 밤마다 손에 쥐고 팔목을 잘 자를 수 있는지 여러 번 자살을 기도하며 뜬 눈으로 몸부림쳤다. 과자와 같은 갖가지 색깔의 수면제 알을 입에 가득 채웠다 토하기도 했다.

그럴 적마다 어머니가 보고 싶었다.

허름한 환자복을 걸치고 강에 도착했을 때 검퍼런 구름을 풀어헤친 비가 쏟아졌다. 강 건너 시내 샛노란 불빛이 듬성듬성 피어나고 있었다.

얼굴을 촉촉이 건드리는 비는 삶의 물음에 대답없이 내 곁을 지나가는 흘러도 흘러가는 강을 따라 온몸으로 흐느끼며 흘렀다.

헌 면 옷을 주워 강물에 빨아 보로(차 닦는 걸레)를 만들어 차장에게 팔던 어머니가 떠내려가고 있었다.

옷 입은 채 강에 뛰어들어 죽기 살기로 손발을 허우적거리고 싶었다.

아 맑은 비여, 소유와 욕망의 똥 바다를 씻어라.

나와 함께 눈 빠지게 울어라.

미라가 될 때까지 실컷... 순찰차가 경보등을 번쩍이며 강변북로 어둠을 뚫고 나타났다. 헤드라이트 불빛이 가까이 내게로 향했다.

다가온 경찰이 힐끔 쳐다보며 말을 걸었다.

"집에 가서 청양고추 한 입 먹어 보세요. 삶의 아픔이고 뭐고 하나도 생각나지 않는다구요. 그저 맵다는 생각밖에 안 난다구요."

삶이란 버리고 말고 할 만큼 가치가 있는 것인가.

그까짓 풋내나는 한 토막 순정 오목가슴에서 내려놓으리라 사람이란 헤어지기 위해서 사는 것이 아닐까 내일이 보이지 않아도 뭔가 분명히 날 기다리고 있을 것이다. 삶의 감각 내 숨소리에 귀 기울이며 나 자신이 우스워지기 시작하였다.

내일은 해가 뜬다. 내일은 해가 뜬다. 가장 빛나는, 가장 뜨거운 해가.

그 후 쇠를 박고 뽑는 수술로 완쾌된 나는 지워지지 않는 누우를 잊지 못했다.

비만 오면 순식간에 기억 속 들판으로 누우가 눈부시게 뛰어다녔고 고통을 곱씹으며 살아야 하는 것이 무서웠다. 난 누우를 죽을 때까지 잊어버릴 수가 없는가 다가올 장마에 나타날 고통이 두려워 신경외과를 찾았다.

삶의 면역력이 약해져 바이러스가 침입한 병이란 진단을 의사가 내리면서 깨끗한 공기 깨끗한 물을 마시고 깨끗한 생각을 가지면 시간이 좀 걸리지만 완쾌된다고 했다.

사냥개처럼 물고 늘어진, 가슴에 들어앉아 있는 누우의 기억, 비를 끓이고 태워 연기처럼 하늘로 되돌려 보내버리리라 결심했지만, 우기의 월남전쟁에서 살아 돌아온 뒤에도 발광의 고통은 아물지 않은 상처로 계속되어 나를 쥐어뜯었다. 심드렁한 병은 노란 뉴론틴 캡슐을 먹어도 소용없었다.

가난으로 휴학과 군대를 번갈아 오가며 서른 가까운 나이 세 개의 산과 두 줄기의 냇물이 모이는 고향 그곳에 소재한 여학교에서 근무하게 되었다. 순전히 아일랜드 민요 대니보이를 비 오는 날 우산 속에서 함께 불렀던 누우를 잊지 못해서였다. 제비가 타원을 그리며 낮게 날던 6교시가 끝날 때쯤 하늘과 땅 사이가 좁아지더니 잔뜩 찌푸리던 햇살이 사라지고 모쪼록 맨발 자국 소리를 내는 새털 비가 가볍게 떨어지기 시작하였다.

잠시 땅을 조용히 적시다 점점 망치로 못질하듯 거칠어지더니 날 저물도록 하얀 목울음을 내려놓으며 쉼 없이 퍼부었다.

침침해지는 눈을 끔벅이며 처진 어깨와 구부러진 등으로 퇴근을 했다. 금세 몸 구석구석을 빨래처럼 흠뻑 적시던 비는 어두운 밤이 무서운지 더욱 소리를 내며 내렸다.

큰길을 따라 반질거리며 흐르는 빗물을 따라 가로등불이 하나 둘 허우적이며 떠다니는 사이로 칼날 같은 번개가 지나갔다. 온통 비 가득찬 텅 빈 거리를 얼굴과 가슴이 비투성이가 되어 우산없이 무작정 홀로 걸었지만 한걸음 내디딜 적마다 망각 속에서 되살아난 누우를 어찌할 수 없었다.

질퍽거리는 흙탕물길이 끝나는 가풀막진 공원으로 접어들 때 선생님 부르는 숨 가쁜 목소리와 함께 손에 우산이 쥐어졌다.

투명하다 못해 창백한 비가 들부셔내는 날이면 아픈 머리를 교실 창문에 기대어 넋을 잃고 멍청하니 끝없이 비만 쳐다보며 자습을 시키다 때론 일요일은 빨간 비 월요일은 주홍비 화요일은 노란비... 요일별로 무지개색 칠하며 실살스럽지 못한 수업을 오종종한 학생들에게 마구 하는 나를 종소리 날 때까지 꿈꾸는 듯한 눈으로 빨개지게 쳐다보며 얼굴을 약간 붉히던 순분이였다.

걸음을 멈추고 한사코 괜찮다고 비와 싸우는 중이라며 비가 죽든 내가 죽든 아니 그리움과 아픔이 저며지는 비가 너무 좋다고 그랬지만 터벅대는 내 초라한 모습이 비를 따라 어디론가 떠나 버릴 것 같은 서러움 때문인지 막무가내였다. 곱고 순한 순분이 눈에 비에 젖어 축 늘어진 내 모습이 가득 차 있었다.

비와 함께 뺨을 타고 흐를 눈물이 맺혀 있었다.

전등불이 모두 나가 버렸다.

물기 젖은 어둠 속에서 바싹 파고든 순분이를 두 팔로 꼭 껴안고 눈을 감았다.

하늘, 순분이, 나 셋이서 울고 있었다. 눈물인지 비인지 양 볼을 타고 주르르 흘러내렸다.

그림자 없이 까맣게 젖은 어둠 아래로 살이 부러진 우산이 쓰러졌을 즈음 내 목덜미와 어깨를 찾은 아르르 떨리는 순분이의 손이 비닐처럼 미끄러져 보이지 않았다.

자그맣게 보듬어 안긴 , 애티가 아직 남은 아려한 순분이가 시원스런 콧날과 애써 오므린 입술 누우의 모습으로 변하고 있었다.

마른 꽃냄새 나는 어깨 밑으로 흘러내린 올올한 머리카락 사이 목에 파묻었든 슬픈 얼굴 기억을 일깨우며 경험하지 못한 서툰 신음소리가 혀끝 깊숙한 어디에선가 나왔다.

사랑하는 누우...

알 수 없는 들리지 않는 소리를 밀어내고 있었다 투명한 고통과 기쁨이 묵묵히 밤 속으로 스며들었다. 가슴에다 얼굴을 묻었다.

수억 개의 비가 빨주노초파남보 일곱 가지 색깔로 숨쉴 사이 없이 오래오래 떨어졌다.

언제까지 내리려는지 우린 아무도 모르게 영원보다 더 먼 망각 그곳으로 하늘하늘 떠내려갔다.

그 학교를 떠난 이듬해 가난한 선술집 둘째 딸 얼굴이 못생겼으면 공부라도 잘 할 것이지 그 순분이가 장

티푸스로 죽었다는 소식을 들었다. 죽으면서 선생님이 한번 보고 싶다는 말을 남기고...

그날은 화살 같은, 돌멩이 같은 비가 무척 내렸다고 했다.

지리산 천왕봉 오르는 길목

둘

오랫동안 소식이 끊겼던 영호란 친구의 느닷없이 만나자는 전화를 받았다.

영혼을 다 바쳐 태양을 조각하다 장님이 되겠다는 영호는 실눈을 뜰 줄 모르고 헤픈 웃음을 날리지 못하는 정순이를 사랑했었다.

시작은 쉽지만 끝내기가 힘든 사랑 영호의 곁에 마지막까지 남겠다고 한 정순이의 이름을 자기의 왼 팔뚝에다 문신으로 새겼을 때 가슴이 작고 엉덩이가 밋

밋한 나는 불꽃이 아름답지만 참혹한 재만 남는다며 한평생 한 사람만 사랑하는 것이 불가능하다고 빈정거렸다.

일생동안 오직 한 사람만 택하여 단 한 번만 사랑하겠다는 영호는 깨끗한 순결과 티끌 없는 동정을 불그스름하게 물들이며 눈을 감고 감은 눈을 뗠면서 꽃이 피었다는 말로 첫 경험을 표현하는 석간수처럼 말한 정순이 그녀를 위해 자신의 생명을 완전히 써 버리겠다는 말로 내 비웃음을 빗겨갔었다.

바로 눈앞도 잘 보이지 않는 어둠을 헤집는 비가 두드리듯 내렸다. 비를 좇아 유난히 천둥과 번개가 많았다.

흠씬 젖은 몸으로 기어들어갔다 기어나오는 혜화동 석굴암 술집에 도착했을 때 영호는 흙벽을 향하여 등을 돌려대고 주저앉아 머리 감쌌던 주먹으로 바닥을 내려쳤다. 그리고 흑흑 느껴 울었다.

절절히 퍼부어대는 애끊는 비가 되어 짐승울음을

내려놓다가 다 풀어진 홍건한 눈으로 나를 보았다.

버르집은 술기운 탓으로 아랫입술을 질금질금 씹으면서 떠듬거리는 말을 쏟아놓았다.

"죽었어... 사랑하는 내 정순이가... 자! 봐 뼛가루야 타서 마셔야지."

목을 가누지 못하는 얼굴이 흔들거렸다. 간신히 연회색 빛 골분을 피와 침이 보이는 입에다 떨어 넣고 벌벌거리는 두 손으로 황탁한 막걸리 주전자를 움켜잡았다.

재빠르게 가슴 안으로 꿀꺽대며 마구 삼켰다. 젓가락이 떨어졌다.

축축이 젖은 영호의 눈에서 비가 죽죽 떨어져 양복바지 허벅지 부분을 적셨다.

햇볕이 찾아들고 새는 바쁘게 날아다니며 나무에 물오름이 서서히 많아지는 유월 영호는 이혼한 어머니와 이모 여자 셋이서 사는 정순이와 며칠 전 기차를 타고 부모님이 계시는 영주에 갔었다.

꽃보다 술을 좋아하는 아버지에게 결혼하겠다는 말을 하기 위해서다.

젊을 때 한 번쯤 그런 일이 있을 수 있다며 사내대장부가 환절기에 지나가는 감기로 여겨야지 학생인 주제에 꼴같잖게 가드락거리지 말라고…

치통으로 이맛살을 잔뜩 찌푸린 아버지는 머리를 곱게 늘어뜨리고 가지런히 고개 숙인 정순이와 눈동자가 이리저리 왔다갔다하며 몸을 비틀고 씩씩거리는 영호에게 호통을 쳤다.

갈대밭 사이 수많은 개구리가 유난히 많이 서럽게 울어대는 고향의 밤이 깊었는데도 아랫도리를 잘 관리하라는 말까지 잊지 않는 아버지의 고함은 줄곧 계속되었다.

오들거리는 정순이는 무서운 운명을 감내한 듯 파르라니 입술을 떨며 낮게 흐느끼고 있었다.

서울로 돌아온 후 얼굴이 창백한 상아색으로 야위었고 피로의 빛이 역연한 정순이는 사랑의 진지함과 깊이를 절실하게 깨닫게 해 주겠다며 이별보다 죽음이라는 단호한 결의가 배인 말을 표정없이 했다.

아무도 거절해서는 안 되는 신의 선물인 삶과 생명을 항상 감사하며 [인생이여 고맙습니다]는 메스세데스 소사의 노래를 잘 부르는 영호에게 혼자 죽는 것이 질색이라며 죽어서 비가 되겠다는 말까지 덧붙인 다음 날 또다시 해가 뜨기 전 정순이는 자살하기에 멋진 장소인 마포대교 물속으로 뛰어들었다.

새벽 강에서 검푸른 시체로 건져 올려졌다.

죽음을 생각할 정도의 사랑은 상처가 깊고 흠집이 잘 생기지만 이 세상 무엇보다 귀중한 것인가 아니 사랑과 죽음은 서로 하나를 이루었다.

연분홍 앵혈이 물든 속옷을 선물로 남기고 떠난 정순이 이름을 밤 어둠을 훑어내리는 비를 향하여 저어대던 고개를 추켜들고 목 빠지게 불러댔다.

"꽃 같은 별 같은 정순아 정순아!"

아직도 해줄 말이 남았는지 눈물이 뚝뚝 떨어졌다.

정순이의 죽음을 별로 슬퍼하지 못하는 나는 한참 죽은 듯이 움직이지 않는 영호에게 꽃은 피기 위해 지듯이 이별은 새로운 만남을 위한 축복이라며 뜬구름보다 더 높은 은하수가 흐르는 하늘 어디엔가 비가 되어 영호가 가슴 저리게 그리우면 눈물 가득 안고 다시 찾아 내려 올 거라고...

그 때 비와 함께 울어보자고 말했지만 듣고 있는지 마는지 담배꽁초를 내던졌다.

영호가 막걸리 한 되를 비울 동안 나는 벽의 낙서만 훑다가 밖을 보았다. 하늘과 땅을 싹 문질러 버린 비와 어둠뿐이었다.

"가야지 가야지."

영호는 쉬척지근한 한숨을 깊게 내쉬고 부스스 일어나 다리를 스스로 움직였다.

밤이 얼마나 깊었는지 무엇을 걸려 나동그라지다 다시 몸을 일으키며 강약을 거듭하는 빗속을 비틀거리며 걸어나갔다.

발등에 떨어지는 비와 함께 어디론가 힘없이 길게 흘러가고 있었다.

그리고 영호는 아직도 베트남 꽝남섬 추라이 전투에서 돌아오지 않았다. 정순의 죽음까지 좇아간 영호, 그들의 처절한 사랑은 하나의 영혼으로 이루어졌다.

프랑스 몽파르나스 공동묘지 안에 이름 없는 집시 여인의 해골을 부둥켜안은 꼽추의 뼈 그 지순한 사랑과 이탈리아 모데나의 한 무덤에 손을 꼭 잡고 서로의 눈을 바라보며 나란히 누워있는 남녀 해골의 아름답고 영원한 사랑을 기억하는 나는 진정으로 사랑했음을 깨닫는 자만이 무한한 행복을 가진다는 말을 떠올리며 올해 장마는 언제 끝나려는지 상앗빛 하늘을 본다.

시간이란 사랑하는 사람들에겐 영원하다.

굴곡과 기복이 심한 오봉

셋

먹물 같은 비가 오는 비포장도로의 어둠을 헤집은 타이탄 트럭이 계곡을 낀 구불구불한 산모퉁이를 그냥 달렸다. 덜컹일 적마다 이삿짐꾸러미 옆 겨울 채비로 사놓은 수백 장의 연탄이 무너지고 부서졌다.

얼굴에 달라붙은 비가 점점 끈적거렸다.

환경에 적응하지 못하는 교사로 8월 중간발령을 받은 나는 교장이 떠올랐다.

전천후 씨름장을 만든다며 괜히 기둥 세우고 지붕 입히며 자기 집까지 수리하며 국가 예산을 낭비하는... 별명이 똥자루였던가 짐짝처럼 실려가는 속이 부글부글 끓고 이가 갈렸지만, 울음을 터드릴 것 같은 아내를 곁눈질하며 점잖게 침묵을 지켰다.

교장과 첫대면은 봄 방학이 끝나는 날이었다. 그날은 내가 좋아하는 비가 내려 학교앞 선술집에 홀로 늦도록 앉아 있었다.

갑자기 문이 열었다.

깔깔한 한기와 함께 배불뚝이가 대머리를 불쑥 내밀었다. 그리고 시선이 마주친 나를 향해 경상도 북부지방 말투로 대뜸 '흔들리나' 거북한 목소리와 함께 핏줄로 짠 눈을 보였다.

잠시 후 새로 부임한 교장임을 알았다.

'이 새끼 언제 봤다고 처음부터 반말이야? 술을 입으로 처먹든 똥구멍으로 빨아먹든 무슨 상관이야.'

되박고 싶었지만 참았다.

소주 한잔에도 얼굴과 목덜미가 숫처녀 방댕이처럼 분홍빛을 마구 띠는 창피함 때문인지 어깨를 늘어뜨렸다. 누군가의 고자질로 내가 문제교사임을 사전에 인수한 모양이었다.

길수록 부드러워지는 탐스러운 수염을 깎으라고 엉덩이를 들썩이며 닦달하는 교장이 싫었다.

화요일 오후 학교에 슬그머니 나타났다가 금요일 오전 재빨리 서울 자기 집으로 사라지는 주제에 학교 출장비를 독식하는 교장, 그의 사위가 죽었을 때 상조회 규정에 해당되지 않는다며 부조를 한푼 내지 않았고 학교아저씨 부인이 죽었을 때 교장보다 훨씬 많은 돈을 낸 나는 수학여행에서 돌아온 후 동료교사의 만류를 뿌리치고 가슴을 펴고 숨을 한 번 깊게 들어마시며 교장실 문을 열었다.

타 학교에 비해 출장비가 터무니없이 적음을 따지기 위해서였다.

헛발질임을 알면서 말했다.

"어떤 규정에 의해서 출장비를 이렇게 주십니까?" 이마에 내 천자를 그은, 칠월달 떫은 풋감을 씹은 듯 찡그린 얼굴로 비스듬히 의자에 기댄 교장을 심기 거슬리게 똑바로 쳐다보았다.

약삭빠른 교장은 가득 나온 배를 둥글게 쓰다듬으면서

"그래요 다음부턴 많이 드리지."

저녁 굶은 시어머니 눈꼬리로 오므리며 납작코를 씰룩거렸다.

'불독 어른이 잡수시는 진지를 감히 똥개가 넘봐 한 입으로 가득 물어 뜯어버릴까 턱주가릴 어디다 대 주는대로 먹지 못하고' 뜻하는 일그러진 웃음을 보태다 딴전을 피웠다.

그날 이후 운동장에서 만나 '교장 선생님 안녕하세요.' 인사해도 고개만 다른 쪽으로 홱 돌렸다.

땅바닥에 패대기치고 싶었다.

암행감사반이 돌아다닌다는 공문이 내려왔는데도 명절 선물로 교장에게 무엇을 할 것인가란 의제로 교무회의가 열렸다. 예의와 관례를 들먹이며 모두 작년 처럼 하자며 찬성했다.

그러나 긴 복도 하얀 벽에 '허례허식을 근절하자' '주지도 말고 받지도 말자'란 학생이 만든 표어와 포스터는 고사하고 월급 많이 받는 자가 적게 받는 자에게 주는 것이 선물의 진정한 의미라며 나는 부득 부득 우기며 열을 올렸다. 그 사실을 귀동냥한 교장은 갹출한 돈을 토악질했었다.

어느 날 학교아저씨가 잡아온 뱀으로 숙직실 옆에서 생사탕 해 먹던 저녁 시간증 환자처럼 소주병에다 쇠젓가락 꽂아 허벅지 사이에 끼워 개다리춤을 추던 교장은 술집 마담과 약혼식을 올렸다.

허리가 태아처럼 굽은 하리쟁이 영어선생이 느끼한 목소리로 두 손까지 모아가며 말했다.

"지금부터 나무꾼과 선녀양의 약혼식을 거행 하겠습니다." 연이어 만원짜리 지폐를 돌돌 말아 만든 반지를 교장과 마담의 손가락에 끼워 주었다.

얄팍한 교장의 입에서 도리깨 침이 흘릴 때 속살 보이게 이중턱 마담의 목젖으로 콧길 막는 소리가 깔깔거렸다.

그리고 서로의 입을 쪽쪽 빨았다.

둥근달 아래서 미친개가 되어 그렇게 뛰고 짖던 교장이 입시 위주의 교육 현실에 도움을 주지 못하는 내 수업을 아첨과 출세는 비례한다는 철학을 가진 협력교사에게 듣고 판서계획 없이 칠판에다 글자를 너무 많이 쓴다는 둥 지부럭거리며 흰자위가 보이지 않는 충혈된 붉은 눈으로 수업 참관을 열심히 해댔다.

목조 교실 뒷문이 삐걱 또 소리를 냈다.

'윗입술은 산, 아랫입술은 호수 너의 산과 호수에서 하루의 해가 저문다.' 라고 칠판에다 쓴 날 입을 다문 채 일본강점기 순사의 눈으로 쏘아보며 들어왔다.

무르즘한 나는 주눅들지 않았다.

나는 나 같은 교사도 처음 봤겠지만 너 같은 교장도 처음 봤다는 듯 학생들을 향하며 올차게 말했다.

"어디서 똥파리 한 마리가 날아왔어!"

어말어미에 엑센트를 올린 소리가 댓바람에 교실을 갈랐다.

여름이 다 갔는데도 쓰렁 쓰르렁 한낮의 따분함을 휘젓던 쓰르라미 소리가 사라졌다. 보얀 햇볕이 식지 않은 교실 안에 귀밑까지 벌겋게 갈아입은 교장의 분노가 얼굴을 벗어나지 못하고 있었다.

사건 후 나는 인사발령장을 보면서 인간은 떠나면 떠날수록 더 아름다워진다는 낯설은 사실을 불편하게 배웠다.

까맣게 젖은 연탄을 짓눌러 내리는 비가 점점 심해지며 가슴을 뜯는 어느새 트럭은 비행기재를 넘어 벌써 임계로 향하고 있었다.

"비가 지저분한 인간들을 정화시켜 이 땅이 아름답게 빛날 것이다..."

쏟아지는 비를 무심히 바라보며 나도 모르게 중얼거렸다.

북한산 문수봉

넷

저녁 식사 시간이 지나자 하늘과 산의 경계선이 흐려지고 있었다. 늦가을이라 금시에 주위가 깜깜해졌다.

비탈길로 접어들어 제 속도를 내지 못하던 버스는 부대 앞 정류소에 멈췄다. 여자 한 명이 내렸다.

자주 있는 일은 아니지만 늦은 시간 면회를 혼자 오다니 언뜻 보기에 흔해빠진 여자는 아닌 것 같았다.

버스 헤드라이트 빛이 금방 사라진 쪽에서 위병소를 향하여 걸어오기 시작했다.

잠시 후

“한산 촌이 어디인지 아세요? 부대 근처라던데…”

한아하게 생긴 여자는 하양 이와 함께 미소를 드러냈다.

‘녹슨 철조망 백열등만 거친 어둠을 지키는 산골 한적한 곳에 겁도 없이 그것도 폐결핵요양원을 찾다니…’

“누굴 찾으시는데요?”

나는 눈썹까지 철모로 가린 눈으로 여자를 보며 의아스런 표정을 지우며 물었다.

“혹시 서마현이라고…” 입술을 다무는 미소에서 박하 시린 향기가 났다.

여자는 지갑에서 자기 사진 뒤에 숨겨진 여권용 남자의 사진을 보였다. 단박에 눈처럼 아니 횟가루빛 피부에 토끼 발자국 눈을 가진 얼굴이 떠올랐다.

나에게 여자가 무엇인가를 열심히 가르쳐 주던 임마리 그년을 빼앗아 간 까치 뱃바닥 같은, 생각만 해도 아주 불쾌한 놈이었다.

죽기 전에 마지막 정열을 다 쏟아놓겠다고 밤새워 술 마시며 그년과 뒹굴다가 해가 뜨면 무덤 가에서 검붉은 피를 마구 토해내는 폐병쟁이…

나는 복잡해진 심정을 억누르며 소총을 내려놓은 손으로 가리켜 주었다. 캄캄한 비탈진 산길을 올라가야 할 여자는 더 이상 묻지 않았다.

여자 때문인지 내일 제대하는 날이기 때문인지 알 수 없지만, 목구멍만 타고 도무지 잠이 오지 않았다.

아직도 사랑한다고 목놓아 울어줄 여자 하나 없는 내가 몇 개월 전 술 취한 채 부대 앞 술집 창부 임마리와 관계를 가졌었다.

주홍이 오른 임마리는 흔연댔다.

입술 지운 입으로 좆을 보고 방끗 웃는 씹을 가졌다는 기휘어를 마구 사용하면서…

"죽음 다음엔 아무것도 없단 말이야 죽음은 끝이야 무(無) 아니, 먼지야 먼지. 무생물로 돌아가기 전 살아있는 몸뚱이 신 나게 흔들어 보자구요."

임마리는 파리똥이 넌더리 달라붙은 전등 아래서 웃음을 띠였다. 보여줄게 이것밖에 없다면 유난히 긴 허리와 호박배 아래 빨간 장미 그려진 알몸 그대로 내놓았다. 뜸 들이지 않고 여탕에 들어오는 게이처럼 나를 향해 뛰어들었다.

방바닥에 엎디어 있는 붉은 구릿빛으로 빛나는 내 엉덩이와 사타구니에다 볼을 비벼댔다. 나는 스무서너 해 지키고 가꾼 동정을 건드리지 말라며 금빛 해처럼 솟아오른 내 뜨거운 부분을 움켰다.

땀이 다시 몸속에 들어갈 수 없듯 빼앗긴 것을 되찾는 일은 불가능하다고 쑥스럽게 반복했으나.

임마리는 "맹장처럼 불필요한 것은 왜 무겁게 들고 다녀." 꾸짖으며 벽에 바짝 붙어 껑짜치는 내게 허여멀건 몸뚱일 들이댔다.

"평생소원이 숫총각하고 해 보는 거야. 한번만 한번만..."

깐작이며 가쁜 숨을 쌔끈거렸다 최초의 신여성이

매춘부라는 사실을 알고 있는 내 앞에서 보름달 같은 부푼 가슴이 자유롭게 흔들거렸다.

바빠진 손과 몽똑몽똑한 속살덩이가 번쩍 뛰어오른 내 그것을 향해 밀려왔다. 어느새 알몸으로 깔려 빗길을 질퍽이며 뭉근히 걸어가는 임마리와 함께 나도 모르게 나는 이마가 땀으로 번들거리게 거친 숨을 몰아쉬기 시작했다.

격통 속에 갇혀 무엇을 하고 있는지조차 몰랐다 끝없는 바다 밀려오고 밀려 나가고 더욱 깊이 더욱 가까이 가서 죽으리라.

한 번 덥혀진 임마리는 동물적 깨달음을 향하며 뛰어가다 기성을 토하며 몸을 뒤틀었다. 불량식품의 맛과 즐거움을 주고 또 주면서...

한때 연한 허리로 춘천 미군부대 뒷골목에서 해웃짓하며 한 달에 중대병력이 자기 배 위를 줄지어 지나갔다며 흘리고 다닌 몸짓을 자랑하며 낄낄거렸다.

어릴 적 출가를 위해 가출했다가 절 지키는 흰 진

도개가 천지 창조가 시작되는 것처럼 짖어대는 바람에 중을 포기한 탓인지 임마리가 준 난생처음 극락을 맛본 나는 그녀가 흡사 마귀할멈처럼 키득거려도 동그란 두 개의 엉덩이 사이가 몸이 터져 나가도록 너무 좋았다.

'오 아' 이상한 음을 들었다.

다음날 전역을 기다리며 꼬박 모아온 월급을 다 써버려야 하겠다며 '에소테리카'란 비싼 외제 화장품을 사 들고 임마리를 찾아갔다.

개개 풀린 눈으로 울먹이는 나를 보고 눈곱 낀 눈 아래 하품하던 입으로 숨을 모아 까르르 웃었다.

부스스한 머리카락 새로 노랗고 찐득하게 말라버린 콧물을 보이면서...

싫지 않았다.

만일 네 오른 눈이 너로 실족하게 하거든 빼어 버리라는 성경 말씀을 머리 속에다 밑줄을 그었는데...

순결하고 아름다운 처녀만 좋아하는 신을 외면했다.

안달이 난 나는 임마리에게 극락에 또 가고 싶다고 졸랐다. 취침시간 어둠 속에 누워있는 진걸레를 열심히 찾아가서 골백번 빨고 닦았다.

언제부터가 지루하고 단순한 반복은 숙달이 아니라 권태를 가져다준다는 사실을 알았다.

소통일 뿐 무의미하게 벗겨지는 내 육체가 발라낸 닭 뼈처럼 지겨워진 임마리는 내게서 가벼운 엉덩이와 고개를 돌리더니 새로운 쾌락을 찾아 관골이 잘 튀어나온 서마현에게로 가버렸다.

자기의 예술을 위하여 여자의 순결은 희생되어야 한다고 주장하며 본능의 물결 따라 벽에 못을 박듯, 전기 오븐 속에 고깃덩어리 넣듯 교미만 하다 짧은 수명 거덜내겠다는... 서마현.

임마리의 구석구석을 줄장마지게 하며 세균까지 아름답다고 감동하는 놈 힘껏 사랑해 봤자지.

스스로 책망하며 이해와 체념을 암만해도 나는 약이 올라 견딜 수가 없었다.

37.2도 임마리의 체온을 만들기 위해 힘에 좋다는 사마귀 알을 찾아 산골짜기를 샅샅이 훑어내리는 서마현을 만나기 위해 해야 할 일이 없는 평화스런 일요일 오후 우윳빛 건물 한산촌을 찾았다.

슬픈 정이 남아있는 나에게 눈물 한번 보이지 않던 임마리를 사랑하느냐고 사랑하지 않으면 울리지 말라고 함부로 사랑한다는 말을 하는 그에게 부탁할 작정이었다.

나비가 팔랑 이며 하늘을 날아다니고 파란 잔디 위에 개미들이 바쁘게 이리저리 기어가고 있었지만 서마현은 보이지 않았다.

앉았던 의자 위에 빨갛게 핏물 묻은 종이가 쨍쨍한 햇빛에 말라가고 있었다.

미경이
가시덤불 속 하얗게 핀 찔레꽃
하늘 쳐다보고 땅 내려다봐도

되돌아 손 흔들 길이 없다.

밤마다 글썽이는 어둠 다시 쓰는 사랑

내 별 달 해

운명아, 건드리지 마라.

아카시아 숲이 휘웅하게 둘러쳐진 건물 뒷전 산책길을 따라 언덕배기에 올랐을 때 서마현이 보였다.

휘어잡은 나뭇가지 하나 없이 빨갛게 부어오른 손으로 드윽드윽 돌멩이를 긁으며 고꾸라져 있었다.

먹어도 먹어도 배가 고프다는 진달래꽃 색깔 피뭉치를 토해내며 소리를 질렀다.

입술과 두 손에서 햇빛에 씻겨진 선지가 뚝뚝 떨어져 찐득하게 엉겼다.

하늘을 향하여 살고 싶어요. 살고 싶어요. 상엿소리를 내며... 미경이를 불렀다. 혀와 뼈만 앙상하게 남아가는 그를 그냥 두고.

나는 조용히 부대로 돌아왔다.

같이 먹고 싸고 자고 일어나던 전우와 헤어지는 그 날이 왔다. 으스스 물기 묻은 찬바람이 불더니 어둑어둑한 이른 새벽부터 비가 허전하게 땅껍질을 두드리며 쇼팽의 전주곡 15번을 연주하고 있었다.

비속에 숨어 울면 어떨까 생각하며 더불빽을 둘러매고 정류장에 서 있는데 지난 저녁 그 여자가 빗질한 온몸을 떨며 다가오고 있었다. 빗물에 젖은 모습이 안타까웠다.

어느 틈엔가 여자와 나는 버스를 타고 나란히 서울로 향하고 있었다.

여자의 이름이 무엇인지 서마현과 어떤 관계인지 그보다 어젯밤에도 마른 풀과 돌멩이 뿐이 고총에서 임마리와 죽도록 껴안고 헐떡거리다 교미 후 슬퍼하는 모습을 봤는지도 묻지 않았다.

버스가 추풍령고개를 조심스레 지날 때쯤 말 한 마디 없이 시선을 아래로 한 채 무표정한 얼굴로 침묵을 지키는 여자한테 나는 친구에게 애인을 빼앗긴 어느 여자가 삶을 정리하고 양수리에서 홍수를 기다린다는 짧은 사랑 얘기와 서머셋 모음의 [비] 소설을 들려줬다.

노대바람과 함께 후두둑후두둑 차창 유리를 못살게 하는 줄비가 소소하게 하늘과 땅을 전율시키며 좀처럼 수그러들지 않았다.

죽암 휴게소에서 버스가 다시 출발했을 때 여자는 강화중학교 미술선생이라며 앞니를 반짝이며 입을 열었다.

"강화에는 어둠 속에 흰 빛으로 고개 숙인 백합이 참 많아요. 백합과 함께 잠들면 죽는다는데요. 방문을 잠그고 하얀 소복을 입고 잃어버린 사랑을 찾았다는 꽃말을 가진 백합과 잘 거예요."

축축한 음성이었다. 여자의 눈물이 내 눈을 적시며 고여 들고 있었다.

숱 많은 머리카락이 비처럼 내 가슴과 어깨에 내리고 여자의 부드러운 숨결과 따뜻한 내 호흡이 서로를 감싸주는 아래 우린 촉촉이 젖어오는 두 손을 풀 줄 몰랐다.

이 세상이 가장 아름다울 때 길을 잃어버리자고 우린 아늑하게 잠들어갔다. 하얀 비는 끊임없이 끊임없이 떨어지고 떨어지면서…

억새밭이 보이는 간월산

다섯

목을 스쳐 가는 상쾌한 바람 새로 눈 녹은 겨울이 지나가고 있었다.

작은 민박집을 나설 때부터 비가 마구 떨어졌다.

깊고 먼바다 건너 이민을 떠날 때 33년 후 3 월 3 일 오전 3시 울릉도 성인봉 정상에서 만나자는 외숙이와의 약속을 지키기 위해 묵호에서 썬플라워 배를 탔고 비를 무릅쓰고 해발 천미터 산을 우산 없이 혼자 올랐다.

누구의 글처럼 일생을 못 잊으면서 아니 만나 살기도 하지만 지나간 모든 걸 부드럽게 감싸주는 긴 세월 시들어 가는 얼굴 안에 아름답게 늙어가는 마음이 있을 것이라고 믿으면서 그리움의 무지개로 고이 갈무리 된 슬픈 정을 더듬었다.

외할아버지가 천둥지기 서너 마지기를 머슴에게 주고 앉은뱅이 어머니를 맡겨 태어났다는 외숙이가 빨강 바탕에 하얀 물방울 무늬가 그려진 옷을 입고 채송화 핀 담장을 넘겨다보며 면면히 날 사랑했던 모습이 엊그제 일처럼 생생히 떠올랐다.

고개 숙이고 살짝 옆을 보면서 내 곁에 풀 없이 주저앉아 한 번 사랑한 이 이승 건너 내생까지 가슴 속에 소중히 간직하겠다고 지싯거리던 외숙이는 그렁그렁한 눈물을 자기를 사랑하지 않는 나의 손에다 얹어주며 영원히 마르지 않을 거라며 등줄기가 흐느끼도록 울었는데... 그날따라 눈동자가 더없이 서러웠는데...

기억력이 저하된 나이 소슬히 잊혀질 세월이 수십 년 지나고 삼사 년이 더 지났으나 추억의 안개 속에 애오라지 지워지지 않고 여전히 남아 있었다.

그때의 약속을 기억할까.

너무 오래전이라 잊어버림조차 모르게 된 게 아닐까? 흰 머리칼 섞인 주름진 반 늙은이로 누렇게 바랜 내 초라한 얼굴을 알아볼까 아니 눈은 나빠지지 않았는지...

변변치 못한 생각을 하다 나를 잊을 수 없는 존재로 간직하고 있다면 묵은 종이 냄새나는 몸 굵은 허리라도 두 팔로 꼭 안아보리라 그리고 내가 산만큼 나를 보여주리라.

겨울밤 우중에 다잡은 가슴이 만감으로 젖어 두근거렸다.

묵빛 자욱한 어둠을 타고 내려온 비와 비 사이로 나무와 풀이 보일락 말락 꺼멓게 움직였다.

넘어지면 일어나고 일어났다가 다시 넘어지는 꿈

속 같은 산, 허리를 감아 도는 길 위험한 고비를 아슬하게 여러 번 넘기면서 기어올랐다.

온몸이 젖었고 다리가 부들거리며 숨을 몰아냈다 빗소리에 잠들지 못한 산새들이 푸드덕거렸다.

넓고 깊은 바다 가운데 칙칙한 운무가 죽음처럼 쌓여있는 성인봉 가파른 산길을 더듬더듬 어둠을 곰돌아 오르면 오를수록 높았다.

비탈진 오르막이 힘겨워 허벅지가 뻐근하고 가슴이 팔딱거렸다.

비에 젖은 옷 속에 후줄근한 땀이 밥물처럼 흐를 때 숨 가득 채운 입에서 반야심경이 저절로 새어나왔다.

관자재보살 행심반야바라밀다시... 송경하는 한 자마다 숨 한 번 내쉬고 걸음 한 번 옮기면서 잰걸음이 계속 이어졌다. 아제아제 바라아제 바라승아제

비탈지고 어지러운 인생길 인간의 능력이란 자신 속에 찢어지는 고통을 얼마나 견딜 수 있느냐에 달렸다며 270자를 수십 번 되풀이했다.

나란 존재는 도대체 누구인가?

어디서 왔으며 언제 끝이 날지 모르는 삶 몸은 잠깐 모였다. 흙바닥 먼지로 버려지고 마음은 방향 없이 어디론가 사라지는 나의 정체성은 관계로 가득 찬 움직임뿐 단단한 침묵으로 비어 있었다.

우주의 원리 정원(동그라미)를 그릴 수 있는가 불거지는 의심에 생사윤회가 있다면 상대가 되는 초월 또한 있을 거라고 나는 중이 되었었다.

완전한 자유가 이루어지는 죽음을 경외하며 만물을 관음으로 보고 들리는 소리를 묘음으로 듣는 서원을 이루리라.

마음을 그려내고 지우며 숲 속 원숭이처럼 헤매다 나는 없고 나를 만드는 법이 나 자신이라는 사실에 놀랐었다.

이생을 초월하는 완전무결한 진리에 가까이 가기 위해 극락이니 지옥을 널어놓는 부조리한 인간의 믿음보다 오직 자비만이 영원한 생명임을 알게 되었었다.

인간, 동물, 식물, 무생물, 보이지 않는 공(空)까지 고맙습니다, 감사합니다, 사랑합니다를 되뇌며 어떤 고통일지라도 더 큰 기쁨으로 승화시키는 지혜로 하루하루 반야심경을 사경하고 있었다.

나는 우주의 원리를 모른다. 그러나 내 영혼이 우주와 하나로 이어졌음을 믿는다.

언제가 만 개의 계란이 하나의 바위를 깨뜨리듯 만 번째 사경하는 날 성주괴공을 벗어난, 소원 없는 소원하나 이루어질 것이라는 불지견으로 맑은 숨소리 마지막 내쉬며 3천 열반의 공에 닿을 거라고 발걸음을 옮겼다.

하늘만 남은 정상에 다다랐다.

무겁게 드리워진 구름장이 서서히 걷히고 있었지만, 빗방울은 계속 나를 때렸다.

깊게 들이마신 숨을 천천히 내쉬며 두리번거리는 눈에 민짜로 된 산꼭대기 한가운데 편안히 쉬는 표지석이 희미하게 드러났다.

그 아래 담홍색 스위트피 한 송이와 함께 한 세월 잘 흘려보내고 눈을 곱게 내리뜬 늙은 수녀 사진이 비에 함빡 젖어 있었다. 외숙이였다.

하느님이 만들다 만 미완성인 자신을 완성시키기 위해 거울 보는 것까지 버리고 희생과 봉사의 삶을 실현시키고자 천상의 소리를 울리며 조용히 촛불을 들고 걸어나오는 맑고 순수한 모습.

감사의 기도가 가득 찬 이승의 끝 수도원 흰 담벽 하이얀 천장 아래 하느님의 사랑으로 병이 든 외숙이였다.

나도 모르게 눈에서 비가 흘러내렸다.

하늘 따라 내가 왜 우는지 모르면서 한없이 눈물이 뚝뚝 땅에 떨어졌다.

먼 곳으로부터 달려온 33년이 파도가 혓바닥을 내밀어 모래를 핥듯이 지워지고 있었다.

통도사 둘러친 영축산

여섯

간절한 후회 하나 없는 교직 서른 해.

산전(평창) 수전(동해) 휴전(철원) 고전(고양)으로 바람 따라 구름처럼 건너다니며 아홉 학교를 전근 다닌 나는 또 다른 참나를 찾기 위해 1999년 9월 퇴직을 했다.

내륙지방 소도시에서 태어나 작은 시냇물만 보고 자란 탓인지 초등학교 3학년 때 본 '목포의 설움'이란 영화 속 바다를 반 백 년이 지나도록 못 잊고 있었다.

아내의 만류에도 받은 퇴직금으로 바다가 잘 보이는 옥계면 도직리 육지의 끝에다 머리에 하늘을 이고 발아래 바다를 굽어보는 작은 모텔을 지었다.

그리고 본향(태어나기 전의 고향)에서 쉬고 있다는 의미로 휴향이란 이름을 붙었다.

빈 마당에 동백나무 몇 그루를 심고 쓰고 싶은 글을 복도와 층계에 마구 전열하였다.

살아 있는 사람 가운데 삶 때문에 생긴 죽음이 무엇인지 아무도 몰라 반야심경을 백팔 번 사경한 종이로 천장과 벽을 도배한 옥탑방에다 행공실을 만들었다.

그곳에서 고요한 새벽기도와 적막한 저녁 명상으로 바위 속에 숨어있는 돌부처를 부르며 죽은 이도 모르는 죽음을 알겠다고 하루하루를 보내고 있었다.

생명 없는 저 세상에 언젠가는 날아가리라 미리 작정하며 이 세상에 내린 모든 비가 모이는 바다만 보았다.

오징어배의 불빛과 귀신울음소리의 바람, 하늘만

쳐다보는 바다가 참 좋았다. 내 영혼 바다 안개가 되어 수평선 위로 가볍게 오르고 있었다.

그러나 밤이 되면 개 같은 인간들의 짖는 소리가 어둠과 함께 잠들지 못하는 마을을 가득 채웠다.

6월 달빛 무럭 익은 보리밭에서 강간당한 어머니가 대충 만들다가 미친개 닮은 자기를 낳았다는 사내가 깨진 소주병으로 자기 배를 가로 지르며 소릴 질렀다.

"쌍년아 좆으로 확 찌른다."

총각과 모래 위에서 밑 째지게 뒹굴다 생 남편 잡아먹은 계집년이 송곳니로 유리컵을 깨물어뜨리고 칠흑 속에서 알몸 덩어릴 빛나게 내놓으며,

"그래 씹 새끼야 나 개 보지다 해봐 장마진 씹으로 좆을 잘뚝 짤라 줄게!"

기침 섞인 말을 내 뱉었다.

구름 없는 달 아래 비릿한 피를 마구 쏟아내며 포식자의 충혈된 눈과 부릅뜬 눈이 뜨거운 삶의 절정을

느끼게 했다.

생긴 대로 살다 보니 남편만 네다섯 명 갈아치운 탓으로 명절마다 펼쳐놓은 아들딸이 입 찢어지게 자랑스럽다는 칠순 갓 넘긴 빛바랜 할머니가 소주를 홀짝거리다 성속(聖俗)이 그리 깊냐며 허리가 굽도록 참견했다.

'찌지고 볶아라 이승이 싸우기가 제일 좋은 장소인기라 어짜피 죽고 마는 것 싱싱할 때 부지런히 싸워라 폐광이 되면 끝난기라.'

지껄이다 담배를 다시 한 번 길게 빨아 당기었다.

마을 사람 서로가 아득바득 상대방을 찌르고 찢고 찍어버리는 가학이 살아있는 자기 자신의 존재를 확인시키는 방법이었다.

밤마다 공허한 허무에 기어올라 삶의 한복판에서 몸부림치는 마을 사람들과 바다를 바라보며 죽음 없는 삶을 공으로 정리하는 나와 무슨 차이가 있는가

무명의 장애로 구별을 음미하던 나는 얼음이 물이요.

번뇌가 별빛이듯 사람은 모두 다 똑같음을 알았다. 부정불구(不淨不垢) 밥 먹는 손이 똥 닦는 손이었다. 태어날 때 울지 않는 자가 없다.

목사 사모면 어떻고 창녀의 딸이면 어떤가 투덜대지 말자.

중생을 구하는 부처가 부처를 구하는 중생인데 하늘이 주는 대로 받으면 편하지 않겠는가?

깨보면 꿈인 현실세계. 결국 마지막 남기는 것이 사랑임을 깨달아 꽃 피우며 살든 그냥 막 살든 인연따라 제 빛깔 제 소리로 시공을 메꾸어 살아가면 되는 것이었다.

삶의 즐거움을 아직도 모르는 내가 죽음의 즐거움을 어찌 알겠는가마는 극락에 올라오라는 부처님이나 지옥에 떨어지라는 하느님이 있든지 말든지 싸우는 그들을 보며 나는 극락 가는 짓보다 지옥 갈 짓 하지 말자는 법문(꽃비)을 읽어가고 있었다.

꽃비야

다음날 내리지 말고

지금 내려라

봄 여름 가을 겨울 내내

내가 사는 날까지

눈 시리게 내려라

꽃비야

먼 곳에 내리지 말고

여기 내려라

하늘 땅 넘쳐흘러

내가 죽을 때까지

가슴 뛰게 내려라

꽃비야 꽃비야

도봉산의 최고봉인 자운봉

일곱

4천만 년 전 지구에 내린 최초의 비
바다를 만들고 생명을 만들고
나를 만든 비를 우산 없이 좋아한다.
허공으로부터 하염없이 떨어져
땅에서 죽는 비를 등대처럼 서서 기다린다.
실연의 눈물을 죽도록 흘렸고
가난에 땀을 열심히 흘렸고
이제 죽을 것 같은 병에 시달리며 피를 흘린다.

삶의 끝자락,

이승에서 하고 싶은 일 다한 나는

마지막으로 칠흑의 밤을 지새우고 미련하게 버티던

미루나무를 미친 듯 물어뜯는 바람이 불어주면

비스듬히 누워버리는 45° 소낙비에 젖고 싶다.

비가 내리면 순분이, 영호, 여선생, 외숙이가 다시

그리워지고 무수한 갈매기가 사라진 수평선

하늘 저편 그들이 사는 아름다운 비의 나라

나를 향하여 손을 흔드는 그들을 본다.

글 뒤에

계향 정향 혜향 해탈향 해탈지견향

나모바 가바떼 쁘라갸
빠라미따예
옴 이리띠 이실리 슈로다
비샤야 비샤야 스바하

아제 아제 바라아제
바라승 아제 모지 사바하

옴 소마니 소마니 훔 하리한나 하리한나
훔 하리한나 바나야 훔 아나야 혹 바아밤
바아라 훔 바탁

어렵고 괴롭고

기쁘고

즐거운 내 마음이여

2013. 3. 3

소석